Duminy

Anciennes Coutumes
du Nivernais

Bulletin Société Nivernaise — Tome XVI
1896.

ANCIENNES COUTUMES

DU NIVERNAIS.

Notre compatriote M. Boucaumont, docteur en droit, a fait parvenir à la Société nivernaise copie d'un manuscrit découvert par lui à la Bibliothèque nationale (1), contenant un certain nombre de coutumes anciennes du Nivernais. En tête de ce manuscrit se trouvent inscrits ces mots d'une écriture postérieure : « Ce livre a été écrit du temps du duc (2) Charles de Bourgogne, mort en 1464. » Il serait donc antérieur à la première rédaction de la *Coutume du Nivernais*, qui, on le sait, a été mise par écrit, pour la première fois, en 1490, du temps de Jean de Bourgogne, frère et successeur du comte Charles.

Il ne s'agit pas ici d'une pièce ayant eu un caractère officiel quelconque. C'est l'œuvre d'un praticien qui, pour son utilité personnelle, a réuni quelques usages locaux. Elle est écrite généralement en français ; quelques parties cependant sont rédigées en latin. Aucun indice ne permet de dire quel en est l'auteur. Mais nous pouvons supposer qu'il était de Decize, ou du moins qu'il habitait cette localité. Il donne, en effet, une fois l'avis de Me Jean de Druy, qui était un licencié ès-lois habitant Decize vers 1408, et une de ses questions controversées se rapporte à la famille de Rossers, que l'on trouve fixée dans les environs de cette même ville à la fin du quatorzième siècle.

(1) Bibl. nat., mss. N. A. L. 198, fol. 108 et fol. 114 vº à 124 rº.

(2) Cette mention contient une erreur qui indique qu'elle a été écrite lorsque Nevers était déjà érigé en duché. Charles de Bourgogne n'a porté que le titre de comte.

La procédure occupe une place assez étendue dans cet ouvrage. On y trouve quelques dispositions qui étaient inconnues, en ce qui concerne les injures, et qui contiennent une distinction à peu près semblable à celle qu'a faite la loi du 19 mai 1819. Toute allégation d'un fait déterminé entraînait le bannissement et la confiscation des biens ; toute expression injurieuse ou outrageante était passible d'une amende de 3 sols au profit du prévôt. Un coup de poing était puni d'une amende de 5 sols et une gifle d'une de 12 deniers.

Nous apprenons qu'un avocat avait « pour son salaire pour journée », devant le bailli, 5 sols ; devant le prévôt, 2 sols, et le procureur 2 sols ou 12 deniers. En admettant la valeur intrinsèque moyenne de la livre tournois à 5 fr. dans la seconde moitié du quinzième siècle, et le pouvoir de l'argent six fois aussi considérable qu'aujourd'hui, un avocat recevait donc une valeur de 1 fr. 25 c. ou de 50 centimes, et un procureur 50 centimes ou 12 centimes, représentant actuellement 7 fr. 50 c. ou 3 fr. pour l'avocat et 3 fr. ou 1 fr. 50 c. pour le procureur.

En ce qui concerne la distinction des meubles et des immeubles, pour les blés et les étangs, l'auteur s'en rapporte à l'opinion de « maistre Jehan de Druy », qui voulait que les blés fussent réputés meubles à la mi-avril et les étangs, ou plutôt le poisson qu'ils contenaient, l'année où ils devaient être pêchés. La coutume de 1490, suivie par celle de 1534, déclara meubles les blés lorsqu'ils étaient noués et les étangs après deux années, à compter du temps de leur empoissonnement.

L'auteur donne son avis sur une ou deux questions controversées, relativement au réglement des successions, alors si compliqué, grâce à la distinction des meubles, des acquêts, des propres paternels et des propres maternels.

L'ancienne coutume de 1490 admettait, dans les successions collatérales, la forclusion au profit des mâles et de leurs descendants ; l'article 14 du titre des successions de la nouvelle coutume la limita aux frères, sœurs et descendants d'eux, ce qui ne fut pas sans produire des effets singuliers, puisqu'une sœur se trouvait exclue de la succession de son frère par un autre frère, par un neveu, même par une nièce descendant de frère, alors qu'une cousine recueillait la succession de son cousin, quoiqu'elle fût en concurrence avec d'autres héritiers mâles. Aussi cet article est-il qualifié d'odieux par Guy-Coquille et de « *stulta consuetudo* » par Dumoulin. Le manuscrit, prenant un moyen terme, admet la forclusion jusqu'au quatrième degré de parenté, selon l'opinion d'un nommé Eudes dit Blanchon.

Ou trouve dans cet écrit des dispositions bien différentes de celles contenues dans les coutumes écrites. Ainsi, la condamnation à certaines peines entraînait la confiscation des biens du condamné. La coutume de 1490 et celle de 1534 déclarent formellement que, dans ce cas, le seigneur confisquant est tenu de payer les dettes du criminel. La seule différence entre elles est que la première déclare que « les meubles et conquêts du mari sont confisqués en telle manière que sa femme ne peut prétendre aucun droit esdictz meubles et conquestz qui estoient communs entre ledict crimineulx et elle », punissant ainsi la femme de la faute du mari, tandis que, suivant l'article III du titre des confiscations de la seconde, on ne confisque que la moitié des meubles et conquêts, la femme prenant l'autre moitié, « comme à elle appartenant, à cause de ladicte communauté ». Or, le manuscrit déclare que, dans le cas de confiscation, le fisc saisit tout sans s'occuper des dettes et n'est tenu à aucune restitution envers qui que ce soit. De la sorte, les créanciers se seraient trouvés frustrés de ce qui leur était dû légitimement par suite du crime de leur débiteur. Une seule exception est admise en faveur des obligations contractées dans les foires de Champagne. Il s'agit des grandes foires qui se tenaient à Troyes et à Provins et qui eurent au moyen-âge une importance considérable. Elles étaient dotées de priviléges spéciaux, plaçant les créanciers dans une situation exceptionnelle et assimilant les dettes contractées dans ces foires aux dettes fiscales. Le créancier ne perdait rien alors si les biens de son débiteur étaient confisqués.

L'auteur admet qu'en cas de prédécès de la femme, sans enfants ni descendants, tous les biens meubles appartiennent au mari, et que si c'est au contraire le mari qui prédécède, moitié des meubles appartient à la femme survivante et moitié aux héritiers collatéraux du mari. Ceci est encore contraire à la coutume de 1490, qui a été suivie par celle de 1534, et qui déclare, sans aucune distinction, que « quant l'ung desdictz mariez va de vie à trespas, la moitié des biens meubles et conquestz sont et appartiennent au survivant et l'autre moitié aux héritiers du défunct sans contredict ».

Un petit nombre d'objets, soit mobiliers, soit immobiliers, sont estimés dans le manuscrit d'une manière différente de celle établie par les coutumes écrites dans le titre intitulé : « *Assiette de terre.* »

On le voit, ce manuscrit, d'ailleurs peu considérable, présente un certain intérêt ; aussi la commission est-elle d'avis d'en faire la publication dans le *Bulletin*.

E. DUMINY.

ASSIT PRINCIPIO SANCTA MARIA MEO.

S'ENSUIT DES COUSTUMES DE NIVERNOIZ. PRIMO.

De bourdelaige.

Se Thicius prant à bourdelaige de Ceyo aucun fond pour certaine somme d'argent ou blé, et icellui Thicius soit defaillant de paier ledit bourdelaige audit Ceyo par l'espace de trois années acomplies, ledit Ceyus li peut oster son bourdelaige et le peut contraindre par justice de le mectre en

estat compectant et avec ce le faire paier de trois années
qu'il a failli de paier selon la coustume de Nivernoiz.

De eodem.

Quant aucun baille à bourdelaige aucun fond, il est
neccessité ou doit estre qui le baille à argent, blé et pleume,
tout au moins des trois les deux selon ladicte coustume ; et
la cause si est, quar ses trois choses signifiant les trois
années qu'il est defaillans, qu'il pert son bourdelaige.

De conquestis.

Quans aucuns hommes frans conioins par mariaige font
durant et constant leur mariaige conquestz forchant, c'est
assavoir : la moitié apartient es parens du mary, et l'autre
es parens de la femme ; et se l'un d'eulx va tant seulement à
trespassement, la moitié apartient tant seulement à icellui
qui demore, selon la coustume de Nivernois.

De dotibus mulierum.

Quant aucun homme dohe sa femme de la moitié, du
tiers, du quart ou d'autre partie et il ne nomme point quelx
heritaige, il s'en tent de la moitié ou du tiers des heritaiges
qu'il a ou peut avoir par succession, selon la coustume de
Nivernoiz.

De eodem.

Nulle femme ne peut vendre ne engaiger son dohaire,
mes le peut bien accenser le cours de sa vie durant, se elle
veult ladicte coustume.

Dohaire de femme est heritaige de enffent.

C'est à dire que se aucun homme ayant dohé sa femme
d'aucun heritaige, et de sadicte femme il ait des enffents,

l'eritaige dont sadicte femme est dohé, apres sa mort apartient à ses enffens, selon la coustume de Nivernois.

SENSUIVENT LES COUSTUMES ET USANCES DE NIVERNOIS ET LE STILLE DE COURT DUDICT PAIS. PRIMO.

Combien ung sergent doit avoir pour faire une execucion.

L'usaige est en la cité de Nevers que, se le sergent de monsieur le conte met à execucion ung seelle en la ville de Nevers, il en doit avoir VI deniers ; et se il le met à execucion dehors la ville de Nevers dedans les ⊞, il en doit avoir XII deniers ; et se il le met à execucion dehors les ⌐⊢⌐ il en doit avoir deux solz parises pour chacune journée.

Comment quant l'acteur fait deffaut qu'il ne peut de puis aler avant en icellui proces.

Il est de us et de coustume et de stille de court general notoire et esprové en court laye que, se le acteur fait ung seul deffaut en quelxconque partie de la cause, il chet du tout en tout de icellui proces au maindre dommaige que il en puisse avoir, ne ne peut-il depuis aler avant en icellui proces ; et ad ce que aucuns dient que ceulx qui sont les excepcions sont acteur, et par ainsi la coustume peut estre entendue à eulx, je responds que, saulve leur grace, la coustume n'est entendue fors en l'acteur original, et non en l'acteur par excepcion.

Combien ung advocat doit avoir pour sa journée et combien I procureur.

Ung advocat doit avoir pour son salaire pour journée devant le bailli V solz, et le procureur II solz ; devant le prevost l'advocat doit avoir II solz et le procureur XII deniers.

Comment le serf present le seigneur peut demander ses [biens].

Nota quod quamvis sit de jure ita fit quod quicquid habet vel acquirit servus domino acquirit et domini est, et tanquam suum potest petere in curia ecclesiastica, nec tamen de consuetudine ita est in curia laycali quod dominus servi non potest petere in judicio rem servi sui tanquam suam nisi servus presens sit in judicio et confiteatur se esse servum domini sui repetentis.

Comment excepcion declinatoire doit estre premierement proposée.

Pour droit escript et par la coustume generalle et esprovée excepcion declinatoire doit estre premierement proposée ; et s'il advient que excepcion dilatoire soit avant proposée, la declinatoire n'a lieu : et ad ce que l'on dit et est verité que apres jour de conseil excepcion declinatoire peut estre proposée, je responds que ce ne contraicte en riens, quar jour de conseil n'est pas excepcion dilatoire, mes est une maniere de conseil que droit donc es parties.

De eodem.

Item declinatoire peut estre proposée apres jour demandé pour absence de son conseil.

De eodem.

Item s'aucun est adiourné ad jour non competent, il peut decliner à celle journée non competent et demander jour souffisant, excepté en cause d'office, causes criminelles et quant la demande ne passe point la clamour.

De eodem.

Item, declinatoire peut estre faicte es choses immeubles apres vehue, se la chose de quoy l'en a demande vehue n'est

pas de la juridicion de cellui juge ou seigneur devant lequel
l'on fait adiourner.

*Ecce quomodo bona mobilia pertinent ad stipitem
et quomodo immobilia descendunt.*

Pone talem questionem : Duo sunt fratres germani
habentes dominos liberos, quorum fratrum unus mortuus
est relicto filio suo herede omnino ; filio defuncti mortuo,
queritur ad quem veniet eschaete : an ad advunculum fra-
trem patris sui, vel ad cognatum suum germanum ?

Respondeo : Aut queritur de bonis mobilibus, aut de
immobilibus, vel hereditariis. Si de bonis mobilibus, dico
advunculus habebit, quia de consuetudine bona mobilia
veniunt ad stipitem Si de immobilibus, dico quod cognatus
germanus habebit, quia de consuetudine eschaeta non
ascendit. Alii distingunt in hoc ultimo membro, scilicet de
bonis immobilibus aliis, et dicunt quod quum queritur de
bonis immobilibus, queritur aut de naturalibus aut de
acquisitis. Si de bonis naturalibus dicunt est ut supra, quod
veniunt ad cognatum germanum et per consuetudinem
supradictam. Si de acquisitis, diccendum est quod ad advunculum, quia bona immobilia acquisita vocantur mobilia
secundum oppinionem aliquorum ; sed male agunt ; nam
illa consuetudo contra dicit quod bona immobilia acquisita
vocantur mobilia et eciam reputantur : est vera inter acqui-
rentem et viventem, et non inter heredes acquirentium,
nam inter heredes acquirentium conquestus et acquisita sunt
et reputantur bona hereditatis, et debent dividi inter heredes
equalibus porcionibus.

*Vesci comment les biens meubles forchant et les héritaiges
appartenent au plus prouchain de la chair.*

Pone talem questionem : Maistre Estienne de Rossers ?
eust une femme de laquelle il eust deux enffens, engendrez
en elle dudict Estienne, son mary. Advint que ledit maistre

Estienne ala de vie à trespassement et demorerant les deux
enffens communs de tous biens meubles avecques leur mere.
Advint que depuis l'un de deux enffens morut. Or est question à qui les meubles de l'enffant mort viendront, ou à la
mere ou à l'enffent vif ? Ne pour quelle partie question n'est
pas de l'eritaige ; quar il retourne au plus prouchain de la
chair du cousté dont il est venuz par la coustume general du
pais de Nivernoiz. La femme dit que tous les biens meubles
de son enffent lui doivent appartenir par la coustume, qui
dit que les biens meubles viennent à la coiche. Mes la coustume est entendue quant li enffans sont partis, et devise de
leur mere, et non pas quand ilz sont communs li enffans
freres du mort (car en ce cas la coutume dit que à l'enfant
survivant...) dit que à lui doit appartenir la moitié des
meubles de son frere mort, quar il represente la personne de
son feu pere, liquel estoit communs ou temps qu'il vivoit,
par moitié de tous les biens meubles avecques sadite mère.
Item par autre raison que la moitié de tous les meubles lui
doit appartenir par la coustume notoire general ou conté de
Nivernois : tout ce qui achiet en communaulté achiet en
egaulx parties : et par ainsi à lui apartient la moitié de tout
le meuble de son frere mort, qui communs estoit avecques
ladite mere ou temps que son filz ala de vie à trespassement,
voire entre les vifz et devant ce que aucune chose il soit à
choisir : et de ce si miserent en droit sur Silvestre Vivien,
lequel dit par jugement que les meubles dudit enffent mort
sont confus en la communaulté de la mere et de l'enffent qui
vit, pour tant qu'ilz estoient tint commun ; mes se la mere
feust partie et devisée des enffens avant la mort de son
enffent, en ce cas, les meubles de l'enffent mort fussent à la
mere comme à la soiche, et l'eritaige au frere comme au plus
prouchain de la chair.

Vesci comment veue ne peut estre faicte senon à cellui
qui la demande, ou à son procureur.

Nota que vehue ne peut estre faicte que à cellui qui la

demande, ou à son procureur ; et se faicte est à autre personne, elle est de nulle value, quar vehue n'est fors une declaracion de demande : et pour ce doit paier le demandeur original les despens au sergent qui fera la vehue, quar se le demandeur la refusoit a faire, le deffendeur ne seroit tenu d'aler avant, et par ainsy est faicte au prouffit du demandeur.

Comment qui appelle du maindre juge au souverain il est exemps de cellui juge, etc.

Nota qu'il est de coustume ou pais de Nivernoiz et esprovée en court laye que se aucun appelle du maindre juge au souverain, et leisse le juge de celli qui a ainsi appellé, est exemps de tous cas de la juridicion de cellui juge de qui il a ainsi appellé, excepté cas de crime ou cas de present ; mes s'il appelle au jugement, il n'est exempt seulement que du cas dont il a appellé. Exemple : se aucun pleide pardevant le prevost de Nevers, et il appelle au souverain au bailli de Saint-Pierre-le-Moustier, et leisse le jugement, c'est assavoir le bailli de Nevers, il est exemps en tous cas de la juridiction du prevost de Nevers, se non es cas dessusdits ; et si appelle au bailli de Nevers, il n'est exemps que du cas dont il a appellé.

Comment homme serf ne peut demander partaige.

Pour la coustume se homme serf demore en aucun lieu et illec tiengne feu et lieu par an et jour, il ne peut demander partaige, et aussi l'on ne li peut demander semblablement.

Comment quant ung homme serf se depart d'un hostel où il est commun, comment il n'y peut revenir sans son seigneur.

Il est de coustume ou pais de Nivernoiz que incontinant que ung homme serf se depart de son pere et sa mere, ou de l'ostel où il [est] commun, ou quant il demore en l'ostel où il est commun et que il fait partaige de biens et vit à son pain ou à son chanteaul, non obstant qu'il ait esté commun, doresenavant il ne se peut faire ne il ne peut estre commun avecques ceulx dont il s'est departis se le seigneur ou seigneurs dont il [est] serf ne si consent et que ce soit de sa volenté.

Comment ung exonieur doit jurer quand il exonie et comment son adversere n'est pas oy à prouver le contraire, c'est assavoir que cilz qui se fait exonier est sain.

Il est de coustume notoire et esprovée ou conté de Nevers que cil qui se fait exonier par aucune personne pour cause de maladie, cilz qui l'exonie doit jurer en la main du juge que cilz qui se fait exonier lui a dit et juré que les piez ne pevent pourter le corps ne qu'il ne peut venir à sa journée ne à pie ne à cheval ; et ne sera pas oy son adversaire que le jour que il se fait exonier qu'il estoit sains et qu'il estoit alez hors es foires et es marches, et ne doit pas estre receu à prouver le contraire contre cellui qui se fait exonier : et est la raison ; quar quant une personne est adiourné à certain jour, il peut estre par nature et par la volenté de Dieu que quant il doit aler à sa journée ne (*sic*) maladie le prent si grant qu'il ne pourroit aler à sa journée et pour ce envoie il exonieur, et peut estre que bien ung peu de temps apres il garist et peut faire sa besoigne, et par ce est creu par serement.

Nul ne peut acquerir droit d'usaige en bois s'il n'en paie aucune chose au seigneur du bois, etc.

Il est de droit, de us et de coustume tenue et gardée notoirement en court laye que pour aler ne pour venir en aultrui demaine, especialment par coper, prandre, pourter ne mener ne faire mener bois d'aultruy (demene), nul n'acquiert ne ne peut acquerir saisine se il n'en poye aucune rente ou reddevance au seigneu de qui le demene est, ou à ceulx qui ont de lui cause, ou se il ne monstre tiltre de l'usaige.

Devant quel juge il doit respondre.

Nota quod quamvis ratione contractus quis sorciatur forma et ratione delicti et aliis casibus notatis in l. heres absens ff. de judi., tamen secundum consuetudinem curie secularis non respondebit ne sorcietur forma, nisi ratione delicti vel quasi si capiatur in causa de presenti, et nisi ratione contractus, dum tamen se obligaverit in litteris, quia tunc coram judice sub cuius juridictione se obligaverit respondebit.

Comment le masle forchust la femelle et ceulx qui sont descenduʒ du masle samblablement.

Il est de coustume esprovée ou conté de Nevers que la fille ou la femelle ne habitera ne ne prandra point ne ne pourra prandre ne avoir apres ce qu'elle sera mariée de ses parens ou partie de ses freres en eschoastes et successions tant qu'il y aura heritiers masle ou heritier descendant de masle, soit masle, soit femelle, quar la femelle née de masle herite ou est heritier ainsy comme ung masle. La raison est, quar elle represente son pere dont elle est née.

Comment nul ne peut doher sa femme que de la moitié de ce qu'il a à présent ou de ce qu'il peut avoir par succession de pere et de mere.

Il est de us et de coustume on pais de Nivernoiz que nul pour convenances quelles que elles soient ne peut doher sa femme fors que de la moitié de ce qu'il a ou a à present, ou de la moitié de ce qu'il a ou peut avenir à cause de succession de pere et de mere; et nul ne la peut doher de eschoete ne de

conquestz, quar par la coustume eschaete ne conquestz ne
dohant pas, et s'il est fait autrement il est de nulle valeur et
s'il estoit ainsi que, aucun se mariast en la prolocucion de
mariaige, il ne dohast pas sa femme ne qu'il ne fust ja parlé
de nul dohere, neantmoins pour la coustume sera dohée de
la moitié de ce qu'il a a present ou de la moitié de ce qu'il
aura de succession de pere et de mere, et non pas de eschoete
ne de conquestz, ainsy comme dessus est dit ; et se elle est
dohée de moins de la moitié, l'on tiendra la convenance.

*Comment en cas d'amonicion qui est à la premiere journée
deffaillans il perd sa cause.*

Il est de coustume notoire et esprovée que, se aucun, soit
acteur ou deffendeur, fait deffault en cas d'amonicion, il pert
sa cause se il pert à la premiere journée deffaillans ; et dois
savoir que en ce present cas et en aultres ensuivans le
deffault doit estre mis à execucion dedans l'an et jour, l'un
ne se peut aider du deffault.

*Comment en sentence diffinitive et se le demandeur fait
deffault, il pert toute sa cause [se] elle est en [es]tat de
juger ; et se elle n'y est pas il paie tous les despens du
deffendeur, et se le deffendeur fait deffault il ne paie que
le despens de la journée.*

Il est de coustume que se en sentence diffinitive qui fait
deffault il pert toute sa cause, se elle est en estat de juger ; et
se elle n'est en estat de juger et le demandeur fait deffault, il
pert les despens du procès du deffendeur, et est tenuz de
paier tous les despens, lesquelx ledit deffendeur aura faiz
durant le proces et ne sera tenuz d'aler avant jusques à tant
qu'il ait esté paié de ses despens ; et se ce est le deffendeur
qui en tel cas ait fait deffault les despens seront réservé en la
diffinitive, et ne lui seront paiez que les despens de la
journée à laquelle il aura fait deffault ; et en cas de interlo-
cucion il pert tout ce que elle comprent.

Ad idem de sentencia.

Item , en cas de possession et de saisine, se ce est la premiere journée et que le proces ne soit. mie enterinez ; autrement le proces n'emporte mie : laquelle querelle *ad idem.*

Item en cas d'appel *ad idem.*

Item en cas d'execucion de seelle.

Quelle chose est meuble.

Il est de coustume notoire et esprovée que pressouer sur seulle, combien qu'il ait par long temps demore sans estre logiez du lieu ou de la maison où il fut fait et assis, est meuble et repputé pour meuble, et ainsi est-il de maison assise sur seulle *ad idem.*

Item, pour la coustume prez sont repputez pour meuble mige mars passé *ad idem.*

Item , dit maistre Jehan de Druy que blez sont repputez pour meuble mige avril, quar il sont nez *ad idem.*

Item, dit que estang sont repputez meublez l'année qu'il se doyvent pescher.

Pour la coustume vignes sont repputéez pour meuble la première façon faicte combien qu'elle soit faicte coust[ume].

Qui demande partaige il doit abandonner.

Il est d'us et de coustume notoire et esprovée en la conté de Nevers : quicunques demande partaige devant juge, cil qui le demande doit partir et abandonner icellui à qui il le demande.

Quare monachi non succedunt.

Nota quod, quamvis sit de jure quod mutacio status non noceat ad succedandum, ut ff. unde liberi, l. fi. c. de epi. et clericis, ubi dicitur quod monachi et moniales succedunt, tamen de consuetudine non succedunt.

En distribucion de conseil cellui qui ne le demande pas sera
abandonné et prandra le premier.

Il est de us et de coustume que qui demande distribucion
de conseil, cellui contre qui l'on la demande doit prendre le
premier, et cellui qui la demande prandra emprès et tou-
siours ainsy ensuivant.

Qui met son gaige en vin l'on le peut vendre le tonneau
vendu sans appeller le bailleur.

Il est de coustume notoire et esprovée ou conté de Nevers
que, se aucun met son gaige en vin, quant l'on vent en
taverne, le tavernier ou cilz qui vent le vin peut vendre le
gaige qu'il a pris tantoust que le tonneaul est vendu sans
offense de juge ne de partie, ne sans faire assavoir la vérité à
ceulx qui ont mis le gaige.

Comment, s'aucun a le gouvernement d'un pupille
et de ses biens, qu'il en peut faire.

Si proximior de genere habeat maniburnium, tutellam vel
curam alicuius pupilli de genere suo, si ille pupillus habeat
cc^m floren. in mobilibus, de consuetudine omnia bona
mobilia sunt illi proximiori de genere qui habet maniburnium, et dum vel quum veniet ad etatem legitimam, si sit
masculus, usque ad XIIII annum, si sit mulier usque
ad XII, dum tamen reddat eum pupillum quictum et im-
munem erga omnes debitores, et restituendo omnia bona
mobilia. Sed si maniburnium tradatur a judice alicui
extraneo, debet tradi et traditur cum inventario, et debet et
tenetur rationem reddere inventarii quum pupillus venerit
ad etatem legitimam.

Lignaige sus lignaige n'a pas lieu en retraicte.

Coustume notoire et esprovée ou conté de Nevers est que
lignaige sus lignaige n'a pas lieu en retenue des le premier

degré du lignaige jusques au quart, laquelle coustume doit
estre ainsy entendue que lignaige sus lignaige n'a point de
retenue, c'est assavoir quant ung du lignaige vent à ung
autre d'icellui propre lignaige ; mes s'il vendoit à ung autre
qui ne fust de leur lignaige, le plus prouchain d'icellui qui
vendroit auroit la retenue pour la coustume. Et demande
de retraccion ne vault riens se elle ne contient trois mem-
bres, principaulment en soy : premierement que cilz qui
veult retraire die en sa demande qui soit le plus prouchain
du lignaige et de celle partie dont vient ce que on vent ;
secondement qu'il viengne dedans le temps establi par la
coustume et quarente jours hors les ☩ par le conté de
Nevers ; tiercement qu'il face l'offre de l'argent en nombre
devant le juge et present jusques à l'extraccion de la vente :
et est le temps establi par la coustume à venir retraire
XIIII jours dedans les ⊞.

*S'ensuit comment quant aucun propose aucune coustume
contre [aucun] sa partie n'est pas tenue à prouver le
contraire.*

Coustume est ou pais de Nivernois que se aucun propose
aucune coustume contre aucun en disant que celle coustume
ainsy par lui proposée est notoire et esprovée, s'adverse
partie n'est pas tenue ad prouver le contraire, mais le juge
de son office doit enquerir se elle est notoire et esprouvée ou
non. Mais se il propose simplement que s'est coustume sans
ce qu'il die qu'elle est notoire et esprouvé ; et son adverse
partie nye ladite coustume, en ce cas il sera tenu prouver
ladite coustume.

*Se le demandeur fait deffault, le deffendeur n'est pas tenu
de plus proceder.*

Coustume est en court laye que, se le demandeur fait
deffault in quelque partie de la cause et jusques ad sentence

diffitive, le deffendeur n'est pas tenu de plus proceder en ce proces ; laquelle chose est vraye se ou jour onquel l'en doit faire sentence diffitive il pert entierement son instance et principallement sa cause.

En cause de amonicion se le demandeur ou le deffendeur fait deffault la première journée entierement, il pert sa cause.

Item en cause de opposicion et possession et saisine.

Item en cause de appellacion.

Item en cause de execucion de lettres.

Le masle et sa posterité, soit masle, soit femelle, forclust la femelle.

Coustume est ou pais de Nivernois que le heritier masle et toute sa posterité, soient masles, soient femelles, et usquez au quart degré sont preferez en succession et eschosestes en exclusans et deboutans tous autres par ladite coustume ; et ce tesmoigne maistre *Ode dit Blarchon.*

Femme ne peut testater sans licence et consentement de son mary.

Coustume est ou pais de Nivernoiz que femme mariée, son mary vivant, ne peut faire testament se ce n'est du consentement, commandement ou volenté de sondit mary.

Comme ceulx qui moignant chalans ne peut decliner juridicion.

Coustume notoire et esprovée ou conté de Nevers que sus les contraulx, fez et convenances faiz pour la cause de aignez entre les maistres de Chalons et leurs valez, ou entre l'aignereaul qui part a autre a pescher devant le juge en quelque justice que l'on les tienne, ils sont tenuz de respondre sans decliner la court du juge soubz lequel y sont appellez.

Ung cop de poing et de paulme combien ilz vallent.

Coustume est en Nivernoiz que ung cop de poin donné ireusement par ung homme à ung autre vaul V solz tournoiz pour l'amande de partie, et ung cop de paulme XII den. de esmende, et pour tant de cops, tant de amandes.

Combien vault une desobeissance.

Une desobeissance ne vault que trois solz d'amende pour la coustume de Nevers.

Combien vault une main brisée.

Une main brisée vault LX solz se cellui qui fait l'amende n'est bourgeois ; et se il est bourgeois elle ne vault que XXX solz.

Quant fault le louaige d'une voste.

Il est de coustume notoire et esprovée en la ville de Nevers que qui loue une voste, le louer ne dure que jusques à la feste de Tous sains ; et à ladite feste de Tous sains fault le louer se autre chose n'y a pour convenances.

Qui garde ses bestes an autruy dommaige a garde faite combien il en doit, et quant non.

Quant aucun garde ses bestes en aultruy dommaige à garde faite, se elles sont prises par justice, il en doit pour l'amende LX solz, se il ne bourgeois, ou il pert les bestes et se elles sont prises et elles ne sont mie gardées à garde faite, il ne paye pour amande que trois solz.

Qui loue ung celier combien du le louer.

Coustume notoire et esprovée en la ville de Nevers est que qui loue ung celier, le louer ne dure que jusques à la sain

Bertholomis, et à ladite feste fault le louer se aultre chose n'est accordé pour convenances.

Qui tienne aucune chose et ilz le gardent plus hault d'un jour et une nuit, il est amandables.

Coustume est en Nivernoiz que qui tienne aucune chose et il la garde plus hault d'un jour et une nuit sans pourter à justice, il paie pour l'amende LX solz se il n'est bourgeois, et se il est bourgeois il paie XXX solz.

Quant aucun advocat ou sergent fait adiourner il n'y a point de danger de justice.

Coustume est en Nivernois que, se aucun advocat ou sergent fait adiourner pour son salaire, cellui pour qui il a pleidé, ou cellui pour qui il a adiourné, ou gaigé, ou fait aucun office de justice, il a accordé à l'avocat de son salaire ou au sergent, le juge n'a en ce cas nul clain ne nulle amande.

Sensuit comment se les biens meubles sont acquis entiere-ment au mari, et la moitié n'est que à sa femme.

De consuetudine notaria et approbata in comitatu Niver-nensi ita est quod si contractum sit matrimonium inter virum et uxorem, et supposito quod uxor habeat c^m in mobi-libus, et vir V solidos, si uxor premoriatur sine heredibus de proprio corpore procreatis, omnia mobilia sunt mariti ; et si vir premoriatur sine heredibus de proprio corpore descen-dentibus, media pars mobilium erit uxoris, et alia pars erit heredibus collicteralibus deffuncti mariti, de consuetudine.

S'ensuit quant en disant vilenie à aucun on ascondit gens de justice.

Coustume notoire et esprovée on conté de Nevers est que, en disant villenies à personne sans nommer de quoy, le gens de justice n'y ont que veoir, ainsi que se l'on appelle une femme mauvaise putain, et ne dit l'on pas de quelle personne ; et aussi quant l'on appelle ung homme laron, murtrier, et ne dit lon pas de quoy, le juge et les sergens en sont excepté, mes en disant vilenie au juge ou au sergent escondit, ne chiet mie par la coustume, ja soit ce qu'il ne die pas de quoy, quar en disant vilenie au prevost ou au sergent il dit vilenie au seigneur, ouquel escondit ne chiet mie.

S'ensuit se deulx personnes sont prises eu présente meslée comme il n'y a que une amande.

Il est de coustume que se deux personnes sont prises en presente meslée, il n'y a que une amande, et en sera chacun pour la moitié de l'amande, c'est assavoir, se il sont bourgois, chacun pour XV solz, et se ilz ne sont bourgois, chacuñ pour trante solz. Et s'il avenoit que ung confessast la presente meslée et l'amandast, et li autres nyast la presentë meslée, et le prevost la provast, savoir mon : se pour cause du ny il paieroit toute l'amende ?

Respondeo : Pour la coustume il ne paieroit que la moitié de l'amende, quar le juge de son office ne peut avoir que la principalle amande. Et se il etoit ainsy que le juge proposast contre ung autre qu'il li dehust une amande et il le nyast, et le juge le provast, utrum se il le devroit deux amandes, une pour le principal, l'autre pour la cause du ny ? Respondeo qu'il ne lui doit que la premiere amande pour la coustume et pour la raison dessusdite que le juge, quand il demande de son office amande avoir d'aucun et l'on li nye, il le prove, il n'aura pas deux amandes que la premiere amande principal pour la coustume.

S'ensuit que en amonicion il faut respondre par peremptoire, et fault qu'elle soit faite l'amonicion dedans ung an.

Il est de coustume que en cas de amonicion on doit respondre par peremptoire. Item on doit noter que, se amonicion n'est faite dedans l'an et jour, elle est de nulle valur par la coustume notoire et esprovée.

Item doit-on noter que en amonicion faite il y fault trois choses, c'est assavoir le juge ou le sergent qui fait l'amonicion, et icellui qui la fait faire ou son procureur, et icellui que l'on amoneste; autrement l'amonicion est de nulle valeur se l'un de ses trois y fault par la coustume.

Item nota quod, si aliquis moneatur sit in curia seculari vel ecclesiastica, monitus respondendo monicioni debet respondere : nego, et istud dictum fuit mihi pro meliori consilio.

S'ensuit que l'on ne peut engaiger bordelaiges que trois ans.

Item il est de coustume ou conté de Nevers que les bordelaiges ne pevent estre engaigés que trois ans ou jusques ad trois ans, et, se oultre ilz sont engaigés, le seigneur du bourdelaige peut prandre son bourdelaige ainsi comme sien et à lui acquis.

S'ensuit comme les parties doivent croire le memorial.

Il est de coustume notoire et esprovée ou conté de Nevers que en procès les parties doivent croire le memorial fait par le clerc du juge devant qui l'on plaidie, et doit escripre le clerc ou memorial que s'est du consentcment des parties.

S'ensuit que s'aucun commet crime de larrecin ou est homicide tous ses biens sont confisques.

Si aliquis vel aliqua perpetraverit crimen, furtum vel homicidum, vel similia delicta, de quo fuerit suspensus vel bannitus, admictit omnia bona sua et fisco applicantur, et omnia que debet, sive super litteras regias vel alia, amissa sunt, nec tenetur eis reddere fiscus, vel aliquis alius per consuetudinem secus in nundinis Campanie : nam si obligatus fuerit aliquis in nundinis Campanie, et commictat factum criminale per quod amictit bona sua, nichil admictitur de obligacionibus Campanie per consuetudinem approbatam.

Se aucun appelle une femme ribaude de tel homme, elle
pert ses biens et est bannie.

Coustume est ou pais de Nivernois que se aucun ou aucune appelle une femme mariée, en elle injuriant, putain ou ribaude, et qu'elle nomme de quel homme, elle sera bannie par la coustume et seront confisqués tous ses biens. Mais se elle ne nomme point de quel homme, en ce cas cy, ne elle ne pert point ses biens, ne aussi elle n'est point bannie ; mes que elle se excuse qu'elle ne le disoit pas pour l'injurier ; et toutevoye elle en doit III solz au prevost pour l'amende ; et aussi qu'il n'y ait point voye de fait, ainsy comme ferir ; et aussi que l'on ne parle point de sanc (d'où l'expression : sanglante injure), ainsy que se aucun ou aucune : sanglanc larron, ou une femme : sanglante ribaude : en ce cas cy et autres ne chet mie absentdit ? quant au prevost, mes bien quànt à partie.

S'ensuit se aucun est obligé est il soit executé, il aura
main garnie, et ses heritiers ne la garniront pas.

Coustume est en Nivernoiz que se aucun est obligé et execucion se face contre lui par commissaire de la justice soubz laquelle il est obligé, il y aura et doit avoir main garnie avant qu'il soit receu à opposicion, et s'il estoit mort, ses heritiers seront receuz sans garnir main de justice.

De obligacions annuelles.

Coustume est en Nivernoiz que se aucun est obligé à poier aucune rente annuelle, et execucion se face contre lui de plusieurs termes et années, il garnira la main de toutes lesdites années et termes, se il appert de l'obligacion, alias non ; et se l'obligé est mort , combien qu'il ait bien long temps , et plusieurs heritiers moyens , se il appert du tiltre comme ladite rente fust constituée, il y aura main garnie de la darrenière année seulement.

> *Quantes criées il fault par decret à la ventes d'aucuns heritaiges.*

Coustume est en Nivernoiz que à la vente de heritaiges faites par criées et sebhastacions pour les livrer par decret de juge valablement, il fault dix criées faire sans interrupcion, c'est assavoir : III huitenes, trois quinzenes et III quarentenes, et la quarte d'abondant.

> *S'ensuit que quant aucunes choses feodales sont vendues, le seigneur feodal y a droit de quin denier.*

Selon la coustume de Nivernoiz toutes et quantesfois que aucunes choses feodalles sont vendues ou eschangés le seigneur feodal y a droit de quin denier; et quant elles sont eschangés l'on extime les choses, et selon l'extimacion se paie le quin denier.

Item, le seigneur direc peut tenir la chose movent de son fyé en sa main pour faulte de nommée non baillée et de quin denier non paié : et jusques à tant que les choses dessudites soient acomplies par la coustume du pais de Nivernoiz.

Item, quant aucun vassal tient aucune chose feodale d'un seigneur, et il est deveans et refusant de faire homaige en le niant, le seigneur feodal peut prandre la chose feodalle comme à lui acquise par la coustume du pais de Nivernoiz.

> *C'est l'ordonnance de asseoir terre, selon la coutume de la conté de Nevers.*

Premierement l'on assiet quartaul froment à la mesure de Nevers pour IIII solz tournoiz.

Item quartaul de seigle pour trois solz tournoiz.

Item quartaul d'orge et d'avene chacun pour XX den. tourn.

Item charretée de foin à VIII beufz et à IIII roes pour X solz tourn. se elle ne doit cloison, et se elle la doit, pour IX solz tourn.

Item chartée de foin à un beufz et à deux roées pour se elle ne doit cloison, et se elle doit V solz tourn. pour IIII solz tournoiz VI deniers tournoiz.

Item terres gaignaibles pour le pris du blé dessusdit selon ce que elles valent et du blé qui y croist, compté et rabatu les fraiz qui seront faiz, et lors seroit assis tel blé que il y croistr[o]it pour le prix dessusdit ; et s'il avenoit que cilz sur qui l'on fait assiete, ou se hommez tenoient terres à champart ou à bourdelaige de lui et autre que à cellui sur qui l'assiete de terre se fait, sera mise pour nul pris.

Item s'il avenoit que en celle assiete cheust aucuns bourdelaiges dehu à cellui sur qui l'assiete se devroit faire, l'on asserroit ce bourdelaige pour tant comme l'on ly devroit de rente tiers pour denier et le tiers plus.

Item se assiete se fait en terres gaignables movens de l'eritaige de cellui sur qui l'assiete se fait, se les terres son telles quelles pourtant chacun an fruit, l'on recevra chacun an le fruit qu'elles pourteront jusques à trois ans, et les trois ans passés l'on regardera combien chacun fruit aura valu, et le tout ensamble, et puis ostera l'on le laboraige qu'elle aura cousté, et puis mectra l'on le demorant en trois parties, et celle tierce partie du remenant sera assise en rente pour le pris dessusdit par ung an ; et s'il avenoit que celle assiete se feist en terres gaignables qui ne pourtant que de troys ans les deux, l'on recevra les deux ans qu'elles pourteront fruit, et rabatra l'en ce qu'elles auront cousté à embleyer et gaigner ; et puis saura-on que les deux années vauldront de remenant, et ce remenant on metra en trois parties et la tierce partie on assierra pour ung an de rente, et aussi seront prisées les deux années pour trois, combien que la terre chomast.

Item se assiete se fait en vigne, l'on saura que la vigne

coustera à faire par an, et saura lon que li fruiz monstera, et rebatra lon ce qu'elle aura cousté à faire, et du remenant on asserra ung muy de vin à la messure de Nevers pour X solz de rente.

Item, se assiete se fait en estangs et li estangs se peuple de lui, l'on le gardera jusques à trois ans, et puis sera mis en vente, et scet lon combien il peut estre venduz, et sur la vente l'on verra combien li truz et les pales et les autres choses neccessaires audit estang pourront couster en trois ans, et rebatuz les coustemens l'on verra combien li remenans pourra valoir, et cilz remenans sera devisé en trois parties, et la tierce partie sera assise par rente chacun an, c'est assavoir que se la pesche de l'estang est vendue LX livres, rabatuz les fraiz et les coustemens qui pourront advenir, l'on asserra pour XX livres de rente du plus et du moins. Et s'il avenoit que li estangs convenit à peupler et que poissons n'y arast, l'on rabatroit au chief de trois ans ce que il auroit cousté à peupler, et le remenans seroit prisé par le prix dessusdit.

Item se assiete se fait en bois revenans, l'on asserra l'arpens pour XII deniers de rente en telle maniere que, se il y a tonsure, cis qui asserra pourra oster la tonsure, et se oster ne la veult, l'on verra combien elle pourra valoir par une fois, et l'argent qu'elle pourra valoir sera converti par le pris dessusdit en rente, c'est assavoir C livres pour X livres de rente seignorie.

Item se assiete se fait en justice grant et petite, l'on la fera par telle maniere que, se l'on asseoit C livres de rente en justice, on asserra pour la justice, oultre les C livres de rente, C solz de rente.

Item se assiete se fait en fiefz, l'on saura combien li fiefz pourra valoir en rente, et se il vault C livres de rente pour le pris dessusdit, il sera prisé pour dix livres de rente.

Item se assiete se fait en lieu où il ait maisons, les maisons seront priseez en argent qu'elles pourront valoir à jour, et li argens sera avalués pour C. l. dix s. de rente. Et s'il n'y avoit nulles maisons fors que terres pleignes tant que elles pourroit valoir de regret si comment autres en la maniere dessusdite, sauf tant que se il y avoit fousses pour quoy li heritaiges peust mieulx valoir, l'on prisera le meilleure et sera prisé à argent, c'est assavoir pour C l. dix s. de rente.

En matiere de possession et de saisine en interdit retinende possessionis l'opposition des parties vault ben compectent par le stille de court laye et mesmement du pais de Nivernois.

Selon la coustume, usance et stille de court laye on ne peut en une cause intenter le petitoire et le possessoire, et qui le fait il doit estre debouté de sa voye possessoire.

Selon la coustume du pais de Nivernois ont (*sic*) est tenu, soit demandeur ou deffendeur, respondre es articles et faiz de sa partie par serement, c'est assavoir per credere vel non credere, et qui est refusant de y respondre, on doit donner deffense contre lui.

Quant aucun garde bestes a garde faite en aucun pré ou en aucune vigne, ou en aultruy dommaige, elle sont confisquées moitié à partie et moitié à justice ; et se elles vont en aultruy dommaige par avanture, sans ce que on les y garde du dommaige que elles y font, celluy à qui sont les bestes doit estre creu, se non ce que icelluy à qui elles ont fait dommaige preuve que icelles bestes lui ont fait plus de dommaige de la moitié que celluy à qui lesdites bestes sont ne dit, selon la coustume notoire et esprovée ou pais de Nivernois ; et peut prandre icelles bestes celluy qui les treuve en son dommaige sans justice et les garder par jour et nuit tant seulement s'il y plait et non plus, et en accorder du dommaige à celluy à qui elles sont, sans danger de justice, et les peut moener en prison s'il y plait, ni sans sergent, par ladite coustume.

9 782011 856906